Date: 2/1/15

JUGUEMOS
Natación

Aaron Carr

Visita nuestro sitio **www.av2books.com** e ingresa el código único del libro.

Go to www.av2books.com, and enter this book's unique code.

CÓDIGO DEL LIBRO
BOOK CODE

N 7 4 0 5 6 9

AV² de Weigl te ofrece enriquecidos libros electrónicos que favorecen el aprendizaje activo. AV² by Weigl brings you media enhanced books that support active learning.

El enriquecido libro electrónico AV² te ofrece una experiencia bilingüe completa entre el inglés y el español para aprender el vocabulario de los dos idiomas.

This AV² media enhanced book gives you a fully bilingual experience between English and Spanish to learn the vocabulary of both languages.

Spanish

English

Navegación bilingüe AV²
AV² Bilingual Navigation

CHANGE LANGUAGE **ENGLISH SPANISH**
OPCIÓN DE IDIOMA
LANGUAGE TOGGLE

BACK NEXT
CAMBIAR LA PÁGINA
PAGE TURNING

X CERRAR
CLOSE

⌂ INICIO
HOME

VISTA PRELIMINAR
PAGE PREVIEW

2

JUGUEMOS

Natación

CONTENIDO

Me encanta nadar.
Hoy voy a nadar.

Datos sobre la natación

La natación formó parte de los primeros Juegos Olímpicos.

5

Me preparo para ir a nadar.
Llevo mi traje de baño.

Trajes de baño

Los trajes de baño pueden ayudar a las personas a nadar más rápidamente.

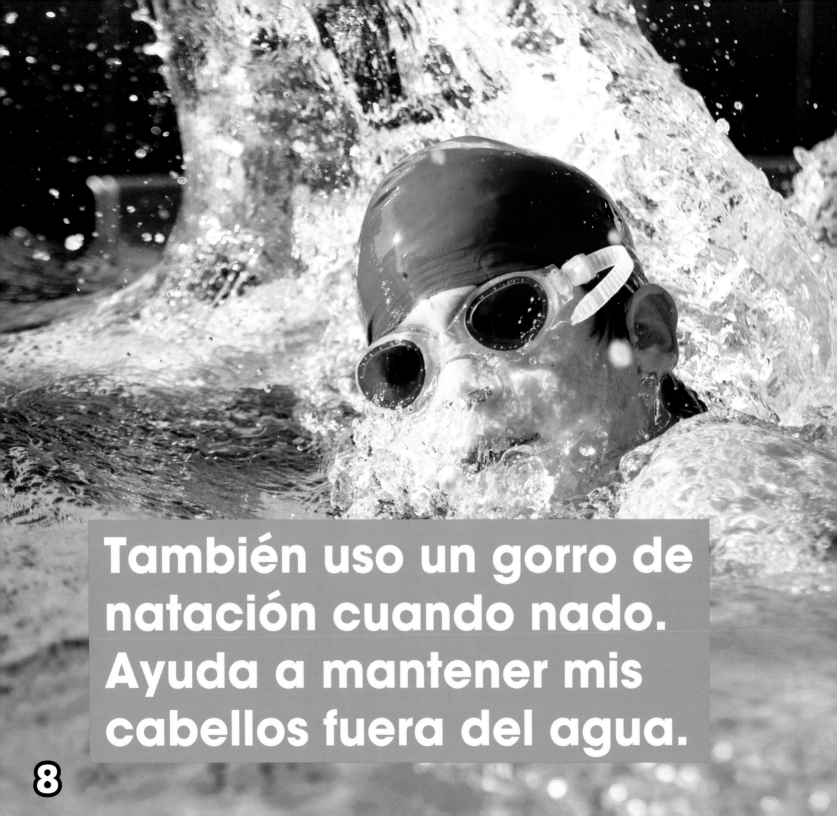

También uso un gorro de natación cuando nado. Ayuda a mantener mis cabellos fuera del agua.

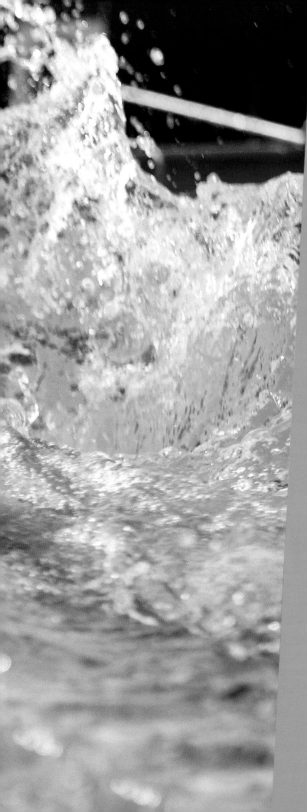

Avanzar

Los gorros de natación ayudan a que los nadadores se muevan a través del agua.

9

Voy a la piscina para nadar. Me pongo mi traje de baño en el vestuario.

En el carril rápido

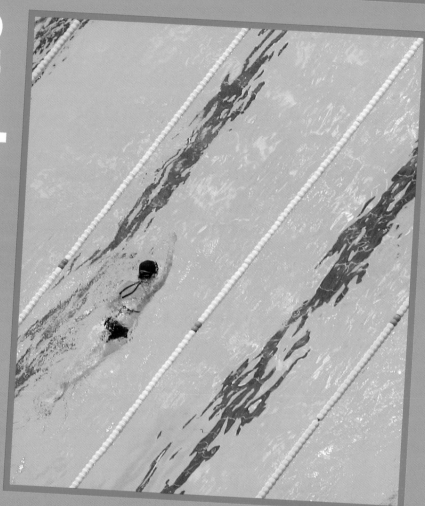

Las piscinas
suelen estar
divididas
en carriles.

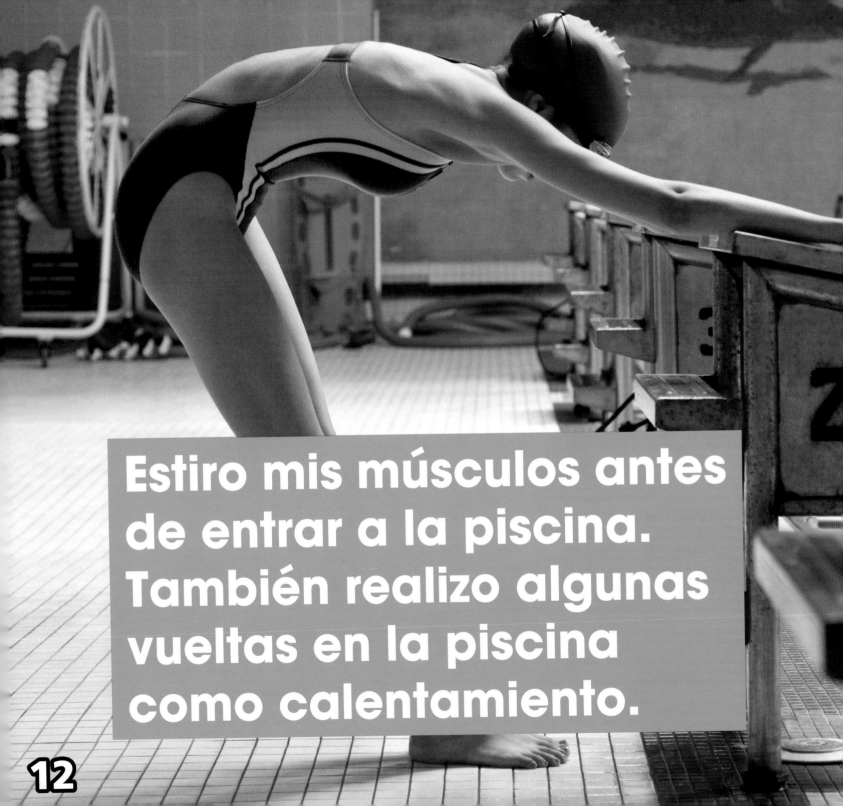

Estiro mis músculos antes de entrar a la piscina. También realizo algunas vueltas en la piscina como calentamiento.

Estiramientos

El calentamiento ayuda al cuerpo a prepararse para nadar.

Nado en una carrera con otros nadadores. El nadador más veloz gana la carrera.

Preparados para competir

Los nadadores inician las carreras en puntos de partida.

Compito en diferentes eventos. En cada evento se usan diferentes estilos de natación.

Estilos de natación

En natación hay cuatro estilos principales.

Soy parte de un equipo de natación. Todos usamos trajes de baño y gorros del mismo color.

Como un profesional

Los equipos de natación nadan en pruebas de relevos.

Me encanta nadar.

21

DATOS DE LA NATACIÓN

Estas páginas proporcionan más detalles acerca de los datos interesantes que se encuentran en el libro. Están destinados a ser utilizados por los adultos como soporte de aprendizaje para ayudar a los jóvenes lectores a completar su conocimiento de cada deporte de la serie *Juguemos*.

Páginas 4–5

¿Qué es la natación? Las personas han participado en competencias de natación durante miles de años. Las primeras carreras de natación se realizaron en cuerpos de agua naturales, como lagos y ríos. Los antiguos romanos fueron los primeros en construir piscinas. Sin embargo, la natación competitiva no se generalizó hasta el siglo 19, cuando se formaron las primeras organizaciones de natación. En 1896, los primeros Juegos Olímpicos modernos contaron con cuatro eventos de natación.

Páginas 6–7

Lo que debo ponerme Los trajes de baño puede ser tan simples como un par de pantalones cortos de natación para niños o un traje de baño de una o dos piezas para las niñas. Estos trajes de baño se usan para la comodidad o por estética. Los trajes de baño de competencias ayudan a las personas a nadar más rápidamente. Las niñas usan trajes de una sola pieza que cubren desde los hombros hasta las caderas, aunque otros tipos también cubren los brazos y la parte superior de las piernas hasta las rodillas. Los niños pueden usar bañadores o pantalones de natación. Los bañadores dejan toda la pierna desnuda, mientras que los pantalones de natación se extienden hasta justo por encima de las rodillas.

Páginas 8–9

Lo que necesito Además del traje de baño, la mayoría de los nadadores llevan un gorro. Los gorros de baño son herméticos y están hechos de un material similar al caucho, como silicona o látex. Los gorros de baño cubren el cabello de los nadadores y la parte superior de sus orejas. Esto no sólo ayuda a los nadadores a abrirse paso en el agua con mayor facilidad y a nadar más rápidamente, sino que también ayuda a mantener el agua fuera de los oídos y el cabello libre de cloro. A algunos nadadores también les gusta usar gafas de protección para mantener el agua fuera de sus ojos.

Páginas 10–11

Dónde nado Las personas pueden nadar en casi cualquier cuerpo de agua, siempre y cuando sea lo suficientemente grande y profundo para nadar. Sin embargo, la natación de competencias se realiza con mayor frecuencia en piscinas cubiertas. La mayoría de las competencias de natación se llevan a cabo en piscinas olímpicas. Estas piscinas miden 160 pies (50 metros) de largo, 82 pies (25 m) de ancho, y al menos 6,6 pies (2 m) de profundidad. Se dividen en ocho carriles que están separados por cuerdas de colores.

Páginas 12–13

Calentamiento Es buena idea precalentar antes de nadar en una carrera. Una buena rutina de calentamiento puede incluir una variedad de estiramientos y algunas vueltas de práctica ligera en la piscina. Los ejercicios de estiramiento relajan los músculos y ayudan a prevenir lesiones, mientras que las vueltas de práctica preparan al cuerpo para nadar. Es mejor comenzar una rutina de calentamiento con movimientos lentos y cuidadosos y avanzar gradualmente hasta ejercicios más intensos hacia el final de la entrada en calor.

Páginas 14–15

Comienzo de las carreras Las carreras comienzan con los nadadores alineados detrás de plataformas elevadas, o bloques de salida, en un extremo de la piscina. Cuando suena un pitido largo, los nadadores se ubican sobre los bloques de salida. Luego, el árbitro les indica a los nadadores que tomen sus marcas. Los nadadores se ubican en su posición. Una señal de inicio, ya sea de una pistola de salida o de un dispositivo de arranque electrónico, marca el comienzo de la carrera. Los nadadores se zambullen en la piscina y comienzan a nadar.

Páginas 16–17

Diferentes estilos Hay cuatro estilos de natación que se usan en las competencias. Estos son estilo libre, brazada de pecho, dorso y mariposa. Los nadadores pueden participar en carreras en los cuatro estilos. También hay varios eventos diferentes para cada carrera dorso, por lo general varían desde 25 m hasta 1.500 m. En las pruebas de relevo, los nadadores utilizan los cuatro estilos en una carrera. En los últimos años, muchos nadadores han comenzado a utilizar otra técnica, llamada patada de delfín, al cambiar de dirección al final de la piscina.

Páginas 18–19

Parte de un equipo La mayoría de los nadadores compiten como parte de un equipo de natación. Los equipos ganan puntos en función del desempeño de sus miembros. Los seis mejores nadadores de cada evento ganan puntos para sus equipos, con el primer lugar se anotan más puntos. El equipo con más puntos gana la competencia en equipo. También hay un evento de relevo por equipos. En esta carrera, cuatro compañeros de equipo se turnan para nadar, y cada persona realiza un estilo diferente en su tramo, o etapa, de la carrera.

Páginas 20–21

Me encanta nadar Practicar natación es una excelente manera de mantenerse activo y saludable. Se trata de un deporte de ritmo rápido, que consume mucha energía y requiere fuerza, resistencia y habilidad. La natación promueve el bienestar físico y la salud cardiovascular. Sin embargo, practicar natación no es suficiente para mantenerse saludable. Con el fin de obtener el mayor beneficio de la natación, también es importante comer alimentos saludables. Alimentos tales como las frutas, vegetales y granos le brindan al cuerpo la energía que necesita para realizar su mejor desempeño.

¡Visita www.av2books.com para disfrutar de tu libro interactivo de inglés y español!

Check out www.av2books.com for your interactive English and Spanish ebook!

1 **Entra en www.av2books.com**
Go to www.av2books.com

2 **Ingresa tu código**
Enter book code

N 7 4 0 5 6 9

3 **¡Alimenta tu imaginación en línea!**
Fuel your imagination online!

www.av2books.com

Published by AV² by Weigl
350 5th Avenue, 59th Floor New York, NY 10118
Website: www.av2books.com   www.weigl.com

Library of Congress Control Number: 2014933109

ISBN 978-1-4896-2156-6 (hardcover)
ISBN 978-1-4896-2157-3 (single-user eBook)
ISBN 978-1-4896-2158-0 (multi-user eBook)

Printed in the United States of America in North Mankato, Minnesota
1 2 3 4 5 6 7 8 9 0 18 17 16 15 14

032014
WEP280314

Project Coordinator: Jared Siemens
Spanish Editor: Translation Cloud LLC
Designer: Mandy Christiansen

Every reasonable effort has been made to trace ownership and to obtain permission to reprint copyright material. The publishers would be pleased to have any errors or omissions brought to their attention so that they may be corrected in subsequent printings.

Weigl acknowledges Getty Images and Alamy as the primary image suppliers for this title.